PRÉCIS HISTORIQUE

SUR LE SÉJOUR DU ROI

A CAMBRAI.

PRÉCIS HISTORIQUE

DE L'ARRIVÉE ET DU SÉJOUR

DE S. M. LOUIS XVIII,

A CAMBRAI, EN M. DCCC. XV.

———

Troisième édition, revue et augmentée.

Felix dies in quâ reversus es
ad terram patrum tuorum et
sedisti in sede regni eorum!

Maccb. C. 55.

CAMBRAI,

CHEZ S. BERTHOUD, IMPRIMEUR DU ROI, PLACE AU BOIS.

M. DCCC. XXIV.

PRÉCIS HISTORIQUE

DE L'ARRIVÉE ET DU SÉJOUR

DE S. M. LOUIS XVIII,

A CAMBRAI, EN 1815.

LE vingt-six Juin, 1815, figurera à jamais parmi les époques les plus mémorables et les plus glorieuses des annales de Cambrai.

Comme le reste du Royaume, nous gémissions, depuis trois mois, sous le joug d'un usurpateur que la France avoit désavoué et banni, et qui venoit d'y rentrer à l'aide d'une trahison sans exemple.

Il n'obtint de nous qu'une obéissance passive; la Garde Nationale dont les rangs étoient incomplets et déserts, n'attendoit que le moment favorable pour reprendre ces couleurs sans tâche qu'elle étoit si fière de porter.

Cependant les phalanges de l'Europe arrivent sur nos frontières, et les plaines du Brabant deviennent le théâtre de la guerre la plus sanglante et la plus courte dont l'histoire fasse mention.

Quatre jours s'étoient à peine écoulés depuis la journée de Waterloo, et déjà une division anglaise étoit à nos portes. Le drapeau blanc attendoit les alliés, et le 24 Juin, il flottoit sur nos tours et décoroit nos maisons.

Le même jour, notre BIEN AIMÉ MONARQUE passoit la frontière et arrivoit au Câteau - Cambrésis, dont toute la population étoit allée à sa rencontre. S. M. passa la journée du Dimanche 25, dans cette ville (1).

Informé dans la nuit du 24 au 25, que Cambrai

---

(1) Le souvenir du séjour du Roi au Câteau a été consacré par un procès-verbal qui repose aux archives de la Mairie de cette ville. Nous croyons devoir en extraire les principaux faits :

Le Roi, qui étoit parti de Mons le 24 au matin, vint déjeuner à Bavai.

La Mairie du Câteau, informée par quelques officiers français que S.M. devoit y arriver le même soir, s'empressa d'en informer les habitans de cette excellente ville et de faire les dispositions convenables pour recevoir le Monarque aussi bien que les circonstances le permettoient. Les autorités, suivies d'une multitude innombrable, se portèrent audevant du Roi jusqu'au village de Montai et y stationnèrent pendant une heure. A huit heures du soir, le cortége royal parut et fit halte. S. M. fut haranguée par M. Hennequand, alors maire du Câteau, et lui fit une réponse pleine d'affabilité. Trente jeunes demoiselles descendirent alors d'un char de triomphe et l'une d'elles adressa au ROI les hommages et les vœux de ses compagnes.

A l'entrée de la ville, M. Lambiez, doyen curé, à la tête de son clergé présenta ses respectueuses félicitations au fils aîné de l'Eglise, au protecteur de la religion.

La voiture du ROI fut alors dételée et traînée par trente jeunes gens vêtus de blanc. Les acclamations qui avoient accompagné S. M. depuis qu'elle étoit rentrée sur le territoire françois redoublèrent d'énergie.

Le ROI descendit à l'hôtel de M. le maréchal Mortier, Duc de Trévise.

MONSIEUR, Comte d'Artois, prit son logement chez M. Bricout de Cantraine, aujourd'hui maire du Câteau, membre du Conseil-Général et député du Nord.

venoit d'ouvrir ses portes, aux cris de VIVE LE ROI!
et instruit du dévouement sans bornes des fidèles Cambrésiens, le Roi choisit cette Ville pour en faire son

---

Mg^r le Duc de BERRY eut le sien chez M. Deudon,
avocat.

La ville fut illuminée spontanément et le drapeau
blanc flotta partout.

Pendant la journée du lendemain, l'allégresse publi-
que se manifesta de nouveau avec un entraînement général. A onze heures, le ROI alla entendre la messe à
l'église paroissiale.

Le public fut admis à jouir de la présence du Monarque pendant son diner.

Ce jour là, le ROI signa sa première proclamation
aux Français. Elle est ainsi conçue :

« LOUIS, par la grâce de Dieu, Roi de France et de
» Navarre, à tous nos fidèles sujets, salut :
» Dès l'époque où la plus criminelle des entreprises,
» secondée par la plus inconcevable défection, nous a
» contraints à quitter momentanémeut notre Royaume,
» nous vous avons avertis des dangers qui vous ména-
» çoient, si vous ne vous hâtiez de secouer le joug d'un
» tyran usurpateur. Nous n'avons pas voulu unir nos
» bras, ni ceux de notre famille, aux instrumens dont
» la Providence s'est servie pour punir la trahison. Mais
» aujourd'hui que les puissants efforts de nos alliés ont
» dissipé les satellites du tyran, nous nous hâtons de
» rentrer dans nos états pour y rétablir la constitution
» que nous avions donnée à la France, réparer, par tous
» les moyens qui sont en notre pouvoir, les maux de la
» révolte et de la guerre, qui en a été la suite nécessaire,
» récompenser les bons, mettre en exécution les lois
» existantes contre les coupables, enfin pour appeler
» autour de notre trône paternel l'immense majorité
» des Français, dont la fidélité, le courage et le dévoue-
» ment ont porté de si douces consolations dans notre
» cœur.

séjour, jusqu'à ce que les évènemens lui eussent frayé la route de sa Capitale.

Le 25, vers quatre heures du soir, arriva M. le Cte d'Oudenarde, Maréchal de camp à la suite du Roi. Cet officier supérieur se rend à la Mairie, annonce à M. Béthune-Houriez, qui remplissoit les fonctions de Maire, l'arrivée de Sa Majesté au Câteau et son entrée prochaine à Cambrai. En même-temps M. le général Colleville, commandant la division anglaise, donne l'ordre du départ de ses troupes.

Tandis que l'heureuse nouvelle circule et enivre de joie les Habitans, M. d'Oudenarde fait appeler M. le Chevalier de Noyan, lui ordonne de par le Roi, de reprendre le grade et les fonctions de Colonel de la Garde Nationale.

M. le Comte d'Oudenarde remet à M. de Noyan, copie de la commission dont il est porteur à ce sujet, et qui prescrit, en outre, à la Garde Nationale d'aller occuper la citadelle de Cambrai, au nom de S. M. T. C.

» Donné au Câteau-Cambrésis, le vingt-cinquième » jour du mois de Juin de l'an de grâce mil huit cent » quinze et de notre règne le vingt-unième. »

Signé LOUIS.

Par le Roi,

Le Ministre-Secrétaire d'Etat de la Guerre,

DUC DE FELTRE.

Le lendemain 26 juin, à onze heures, le Roi se mit en route pour Cambrai, au milieu des bénédictions du peuple immense qui étoit accouru se presser autour de lui et contempler encore une fois ses traits vénérables.

M. le Colonel fait assembler, sans délai, les Compagnies d'Artillerie, de Grenadiers et de Chasseurs, se met à la tête de cette troupe aussi dévouée que fidèle, et se dirige vers la citadelle, accompagné de M. le Comte d'Oudenarde et de M. le Maire de Cambrai.

Arrivé sur la Place d'Armes de la forteresse, M. le Colonel fait ranger sa troupe en bataille, déclare au Gouverneur et à la garnison assemblée, qu'il prend possession de ce fort, au nom du Roi de France, fait arborer le Drapeau blanc sur les tours et procède au désarmement de la garnison, qui se soumet en criant *vive le Roi!* et est transférée aussitôt à la caserne de la porte Cantimpré. Tous ces militaires avoient pris la cocarde blanche et fait disparoître leurs aigles sinistres, pour traverser la ville.

M. Cordier d'Hautpré, qui avoit été nommé en même-temps, au nom du Roi, Commandant provisoire de la Citadelle, se rend à son poste et y passe la nuit avec deux compagnies de Gardes Nationaux.

Le 26, au point du jour, M. le Commandant de la citadelle fait décharger par les canonniers toutes les batteries qui s'y trouvent, et s'assure, avec la plus scrupuleuse exactitude, qu'elles peuvent sans danger, servir aux salves d'artillerie qui doivent avoir lieu pour l'entrée du Roi.

Dès sept heures du matin, lorsqu'on sut d'une manière positive que Cambrai alloit jouir du bonheur de posséder le Désiré dans son sein, il se forma spontanément et avec une promptitude étonnante, une Garde d'Honneur à cheval, commandée par M. Béthune-Deloffre, négociant.

La matinée se passe en préparatifs de fête. Chacun s'empresse de décorer la façade de sa maison de tapis, de feuillages, et surtout de pavoiser de nouveau le drapeau blanc, emblême de notre chère patrie et gage de la réconciliation générale.

A neuf heures, la Garde Nationale est sous les armes; à onze, elle se met en marche et va prendre position sur la route du Câteau, au-delà des glacis de la porte Notre-Dame. La Garde à cheval se porte en avant et ne s'arrête qu'à mi-chemin du Câteau, où elle rencontre le Roi et sa fidèle suite. S. M. daigne agréer l'escorte et faire placer M. le Commandant à la portière de sa voiture, à côté de M. le Duc de Grammont, Capitaine des Gardes alors de service.

On vint au pas. La route du Câteau à Cambrai étoit couverte de toute la population de cette contrée. Une partie des habitans du Câteau avoit voulu suivre S. M. et ne pouvoit se décider à perdre de vue ce Monarque si chéri.

A l'approche de la Ville, le Roi, appercevant la foule innombrable qui l'entouroit et qui couvroit les remparts, en faisant retentir l'air de cris d'amour et d'allégresse, se tourna vers Monsieur qui étoit à cheval près de sa voiture et s'écria, avec l'accent d'une vive satisfaction : *Quel beau jour, mon Frère !*

Enfin, le royal cortége arrive à la plate-forme où se trouvoient réunis avec la Garde-Nationale, les Autorités municipales, les Tribunaux et plus de dix mille Français de tout sexe et de tout âge.

Un arc de triomphe, décoré d'emblêmes et d'ins-criptions, avoit été élevé rapidement à l'entrée des glacis. C'est là que s'arrêta d'abord S. A. R., Monsieur, Comte d'Artois, qui avoit devancé S. M. de quelques minutes. Ce Prince, modèle des Chevaliers Français, daigna adresser la parole à M. de Noyan, et lui dire, avec cette grace qui lui est si familière : « *Colonel, me* » *permettez-vous de prendre aujourd'hui le commande-* » *ment de votre Garde Nationale, dont le Roi appré-* » *cie tout le dévouement ?* »

Tandis que M. le Colonel exprime respectueusement au Prince la reconnoissance dont il est pénétré, la voiture du Roi paroît ; les tambours battent aux champs, les salves de la place et de la citadelle se multiplient, et notre auguste Souverain se trouve sous l'arc de triomphe.

Alors, tandis que la voiture est dételée par le peuple, qui veut la traîner lui-même, M. le Maire s'avance vers S. M. et lui adresse, avec l'accent du cœur, les paroles suivantes :

SIRE,

» Notre Ville a tressailli de plaisir à la nouvelle » inattendue de l'arrivée prochaine de V. M.

» Lorsque, sous la mitraille des assiégeans et sous » les baïonnettes menaçantes de l'usurpateur, nous » avons, il y a peu d'heures, manifesté les seuls sen- » timens qui nous animoient, par les cris de VIVE » LE ROI, nous ignorions encore que V. M. s'avan- » çoit vers nous, accompagnée des Princes François, » et suivie de ses fidèles serviteurs; mieux instruits, » rien n'eût pu retenir l'élan de notre amour et de » notre fidélité. En brisant nos portes plutôt, nous

» n'eussions point eu à souffrir les désordres inévi-
» tables dans une ville prise d'assaut.

   » Votre auguste présence, SIRE, nous fait oublier
» tous nos maux, et fait renaître toutes les espérances
» de paix et de bonheur. Cambrai, l'antique berceau
» de la Monarchie française, se félicite d'avoir été la
» première ville de guerre qui, après de nouveaux
» malheurs, et d'affreux évènemens, ait arboré le
» drapeau blanc sur ses remparts, et se glorifie de
» recevoir la première dans ses murs, Louis le Désiré,
» son Souverain légitime, le digne Successeur de
» Henri IV.

   » Les Cambrésiens transmettront à leurs derniers
» neveux ces souvenirs précieux, ces titres immortels
» de gloire.

   » Les Adjoints au Maire, et les Membres du Conseil
» Municipal de Cambrai, supplient V. M., d'agréer,
» avec bonté, les faibles expressions de leurs senti-
» mens, et l'humble hommage de leur inviolable
» fidélité et de leur respectueux dévouement.

RÉPONSE DU ROI.

   » Je me retrouve heureux au milieu de mes enfans;
» je n'ai jamais douté des bons sentimens des habitans
» de Cambrai. J'en reçois, avec plaisir, les expressions
» et la nouvelle assurance. »

   Cent jeunes demoiselles, choisies parmi les familles
les plus respectables de la Ville, vêtues de blanc, portoient des corbeilles de fleurs, qu'elles effeuilloient devant
la voiture du Roi.

   Autour du Monarque, brilloient à la fois de toute leur

gloire et de toute leur fidélité ces grands Capitaines si chers à l'armée, les Feltre, les Bellune, etc., ces Bayard des temps modernes, *Chevaliers sans peur* sur le champ de bataille, *Chevaliers sans reproche* dans les jours de défection. Avec eux étoient confondus les compagnons fidèles de toutes les infortunes du Roi, les Duras, les Luxembourg, etc., ces vétérans du malheur et de l'exil, dont les noms et les vertus rappellent ce qu'il y a de plus glorieux dans les fastes de notre Patrie.

La Maison du Roi, sans être aussi nombreuse, étoit aussi brillante qu'aux plus beaux jours de la Monarchie. Avec quel plaisir nous retrouvâmes, dans cette noble et fidèle troupe, plusieurs de nos jeunes Concitoyens, MM. *Béthune*, *Bouly*, *Bruneau*, *de Chauny*, *Fenin*, *Leroy*, etc. (1)!

Nous n'entreprendrons point de décrire les transports de joie, les sensations de bonheur qu'excita en nous la présence d'un Roi dont l'absence nous avoit été si douloureuse. Notre tableau seroit toujours trouvé bien imparfait par quiconque a été le témoin de cet heureux évènement.

Les Français n'étoient point les seuls qui prissent part à cette fête. Des étrangers de la plus haute distinction s'étoient mêlés dans la foule et s'entretenoient avec nous des vertus de notre bon Roi.

Cependant on s'avance; le cortége marche au petit pas; et chacun peut, à son aise, contempler ce

---

(1) Ces deux derniers n'avoient jamais quitté le Roi depuis 25 ans.

vertueux Monarque, *que le temps n'a pu changer, que le malheur n'a pu fatiguer, que l'injustice n'a pu abattre.*

L'atmosphère étoit ébranlée tout à la fois par le canon d'allégresse, la cloche du Roi, le carillon de l'Hôtel-de-Ville et les acclamations, les cris de joie de toute une population. Il sembloit que la ville de Fénelon tressaillît en recevant dans son sein celui qui a si bien réalisé les leçons données au Duc de Bourgogne.

La marche, après être entrée par la porte Notre-Dame, s'est dirigée par la rue des Carmes, la rue des Trois-Pigeons, la Place d'Armes, la rue des Fromages, la rue de l'Arbre-à-poires et s'est arrêtée chez M. Cotteau, Adjoint à la Mairie, dont la maison étoit désignée pour recevoir S. M.

S. A. R., MONSIEUR, Frère du ROI, prit son logement à l'Hôtel de la poste aux chevaux, et S. A. R. Monseigneur le Duc de Berry, habita la maison de M. Béthune-Deloffre, négociant et chef d'escadron de la Garde d'Honneur.

A peine S. M. étoit entrée dans ses appartemens, qu'elle daigna accorder une audience aux Adjoints du Maire et aux Membres du Corps Municipal qui avoient précédé sa voiture, durant toute la marche. M. le Maire eut l'honneur d'adresser au ROI ces paroles:

SIRE,

« L'avide empressement de toute notre population,
» se précipitant au-devant de V. M., se portant en
» foule sur son passage, pendant sa marche triom-
» phante en notre Ville, saluant par des acclamations
» unanimes, le retour du Monarque et du Père des
» Français, les accens du plaisir, les transports

» d'allégresse, les larmes de joie des heureux Cambré-
» siens qui contemploient ces traits augustes où se
» peignent la magnanimité, la clémence, la bonté et
» toutes les vertus héréditaires des Bourbons, l'enthou-
» siasme universel qu'excite la présence du Souverain
» légitime et des Princes de son sang, viennent d'ex-
» primer, mieux que nous n'avions pu le faire, les
» sentimens profonds d'amour et de respect qu'ont
» voués au meilleur des Rois les habitans de cette
» Ville.

» Daignez, SIRE, permettre aux Adjoints duMaire
» et aux Membres du Conseil Municipal de Cambrai,
» de déposer de nouveau au pied du trône de V. M.
« leur tribut de reconnaissance, de vénération et de
» fidélité.

Le ROI répondit :

» Je suis très-sensible aux témoignages d'attache-
» ment que viennent de me donner les Habitans de
» Cambrai. Je connoissois d'avance leur fidélité et leur
» dévouement. »

Immédiatement après cette audience, le Tribunal
de première instance fut introduit, et M. le Président
harangua S. M. en ces termes :

SIRE,

« Le Tribunal Civil de Cambrai, ministre et tou-
» jours observateur des lois, a eu, naguères, l'honneur
» d'exprimer son respect, son attachement et sa fidélité
» envers V. M. Ces sentimens n'ont pu être altérés
» par les temps orageux qui ont alarmé la France. Nous
» les avons professés, sans craindre l'animadversion des

» ennemis de V. M. Ces sentimens, nous l'avouons avec
» joie, sont aussi ceux des justiciables de l'arrondis-
» sement.

» Vétérans dans l'ordre judiciaire, nous avons tou-
» jours été convaincus que servir sa patrie, c'est
» servir son R o i. »

S. M. accueillit très gracieusement le Tribunal et déclara qu'elle connoissoit le bon esprit des Magistrats et des habitans de cette contrée.

Les jeunes Demoiselles qui, à l'entrée de la Ville, avoient présenté des fleurs au R o i, eurent ensuite l'honneur d'être admises auprès de S. M., qui les reçut comme le père le plus tendre, et se tint découverte, tandis que Mad.^{elle} Pauline Watier, lui adressa, au nom de ses compagnes, le discours suivant :

SIRE,

« Qu'il est heureux pour nous d'approcher de votre
» personne sacrée! Quel beau jour que celui où il nous
» est permis de venir mêler nos jeunes accens aux cris
» de joie qui signalent le retour de V. M. au milieu
» de son peuple !

» Nos voix timides et tremblantes sont impuissantes
» pour exprimer tous les sentimens dont nos cœurs
» sont pénétrés; mais veuillez, S i r e, accueillir avec
» indulgence nos foibles efforts, et croire que l'âge
» ne fera qu'augmenter pour vous et votre auguste
» Famille, le respect et l'amour dont nous venons au-
» jourd'hui vous présenter l'hommage. »

Le R o i daigna répondre avec le sourire de la bonté :

« Plus jeune, je répondrois, Mesdemoiselles, aux
» choses aimables que vous venez de me dire, en vous

» complimentant sur vos charmes; mais à mon âge,
» je ne puis vous tenir que le langage d'un père. Croyez
» que j'en aurai toujours pour vous tous les sentimens.»

On introduisit ensuite le Tribunal de Commerce,
le Collége, l'État-Major et le Corps des Officiers de la
Garde Nationale, ainsi que la Garde d'Honneur, qui
complimentèrent également S. M. et en reçurent des
réponses pleines de bonté.

Tandis que le Roi donnoit ses audiences, un dé-
tachement de la Garde Nationale et de la Garde
d'Honneur se plaçoit de concert avec MM. les Gardes
du Corps, à la porte et dans les anti-chambres de S. M.,
pour faire le service auprès d'elle pendant son séjour
en cette Ville.

Le service auprès de MONSIEUR et de Mgr. le Duc
de Berry fut confié également à la Garde Nationale,
tant à pied qu'à cheval.

L'arrivée de la Cour dans cette Ville la transformoit
en un séjour enchanté. Jamais nos yeux n'avoient vu
à la fois une réunion plus brillante et plus glorieuse.
L'honneur et le bonheur de la France se trouvoient
dans nos murs. Rien n'est comparable à l'urbanité,
aux manières gracieuses, aux procédés délicats de tous
nos illustres hôtes, si ce n'est peut-être l'empressement
que nous mîmes à les fêter. Le soir, une illumination
spontanée éclaira tous les quartiers de la Ville. Il
s'embloit qu'on voulût forcer la nature à prolonger une
si belle journée.

Le mardi 27, dès le matin, S. Exc. le Duc de Feltre,
chargé par *interim*, du portefeuille de l'Intérieur, mande
M. Cardon de Garsignies, Chevalier de la Légion

d'Honneur, et lui ordonne, de la part du Roi, de reprendre les fonctions de Sous-Préfet, dont il s'étoit
courageusement démis, trois mois auparavant, lorsqu'on lui avoit intimé l'ordre de faire arborer le drapeau tricolore.

Ces fonctions avoient été, vû l'absence de M. de
Garsignies, confiées provisoirement la veille à M. P. J.
Douay, Jurisconsulte en cette Ville.

M. de Garsignies eut l'honneur d'être présenté à S. M.
et de la complimenter.

Le même jour, vers dix heures du matin, M. et
Mme Cotteau qui logeoient le Roi, lui furent
présentés particulièrement avec leurs enfans, en
présence de Monsieur, de Mgr. le Duc de Berry
et de la Cour. M. Cotteau exprima à S. M. ses
regrets de n'avoir pu lui offrir une demeure mieux
préparée et plus digne d'elle. Le Roi daigna répondre qu'il étoit bien, qu'il étoit content, et
ajouta des paroles pleines de bonté et de protection.
A cette présentation, M. Cotteau eut la satisfaction
inattendue d'entendre M. le Duc de Grammont, Capitaine des Gardes, dire au Roi les choses les plus flatteuses
sur son compte.

On publia dans la journée une proclamation de S. M.
datée du Câteau-Cambrésis et contresignée par Mg^r le
Duc de Feltre. Cette première allocution du Roi à ses
sujets renferme, dans sa brièveté, l'expression des sentimens d'un père, joints à la fermeté d'un Monarque
puissant.

Une scène touchante et qui prouvera à jamais l'attachement que les habitans du Nord portent à la per-

personne sacrée du Roi et à son Gouvernement, embellit cette journée. A dix heures et demie, on vit arriver la population toute entière de dix-huit villages, dont une partie du Pas-de-Calais, marchant processionnellement et dans le meilleur ordre, la bannière blanche déployée à la tête de chaque commune. Tous portoient à la main des branchages, en signe de jubilation. Des vieillards affaissés sous le fardeau des ans, ouvroient la marche; des enfans la fermoient. Ces bons villageois avoient quitté leurs habitations au moment même où elles étoient peut-être traversées par les troupes alliées; eh bien! la plus parfaite sécurité se peignoit sur leurs fronts; ils agitoient leurs feuillages, en criant : *Vive le Roi! vive notre Père! vive notre Sauveur!* Le Monarque, ému jusqu'aux larmes, se tint à l'une des fenêtres de son palais, pendant tout le temps que défila cette marche champêtre. On lui entendit prononcer alors ces paroles touchantes : *Mes amis je vous porte dans mon cœur!* Il y avoit dans cette espèce de pélérinage quelque chose de religieux et de solennel qui pénétroit l'ame. Les conquérans peuvent marcher d'un hémisphère à l'autre et faire taire le globe devant eux; mais trouvent-ils sur leurs pas cette joie des cœurs simples, cette effusion franche et pure des sentimens de l'agriculteur ?

Des tables furent dressées sur le terre-plein de l'esplanade. Un banquet abondant et frugal, aux frais de M. le Cte d'Havrincourt, réunit cette intéressante multitude ; et malgré la foule, malgré l'enthousiasme, malgré les nombreux toasts portés à tout ce qui est cher aux vrais Français, rien ne troubla cette fête de famille; tout se passa avec ordre et décence.

3

Le soir, autour de plusieurs orchestres élevés sur la Place d'Armes, se formèrent des danses où figuroient à la fois tous les rangs confondus, tant un si beau jour faisoit oublier les distances!

Le Mercredi 28, le Roi, les Princes, les Ministres, ainsi que l'élite des François, qui avoient accompagné S. M., se rendirent en l'Eglise Cathédrale pour assister à un *Te Deum* d'actions de grâces. La population de Cambrai et des environs se pressoit dans le temple et autour de son enceinte, pour remercier l'Éternel de la rentrée du Roi en France, lui demander la conservation d'une vie si chère et si précieuse, et le conjurer de faire enfin cesser les tristes divisions qui désoloient notre belle patrie.

Ainsi, cette Église dans laquelle on venoit encore, peu de jours auparavant, gémir en secret, invoquer l'aide de Dieu et l'intercession de Notre-Dame de Grâce, pour le retour du Père commun; cette même Eglise recevoit sous ses voûtes, voyait s'incliner devant ses autels le pieux descendant de Saint-Louis, le Roi Très-Chrétien, auquel sont attachés le salut de la France et la tranquillité de l'Europe.

Au milieu du service divin, Mgr. le Duc de Feltre, qui venoit de recevoir des dépêches, s'approcha du Roi, et lui annonça la reddition du Quesnoy. S. M., pour toute réponse, montra le tabernacle au Ministre, faisant entendre par ce geste, que c'étoit à Dieu qu'il falloit en rendre grâces.

Après cette solennité religieuse, les Dames de la Ville eurent l'honneur d'être présentées au Roi. S. M., en parcourant le cercle, daigna s'entretenir avec la plupart de ces Dames et s'informa du nom de chacune d'elles.

Ce fut ce même jour que le Roi fit publier une nouvelle déclaration adressée aux Français et contresignée par M. le Prince de Talleyrand, nous la reproduisons ici.

LE ROI AUX FRANÇAIS.

« Les portes de mon Royaume viennent enfin de s'ou-
» vrir devant moi, j'accours ; j'accours pour ramener
» mes sujets égarés, pour adoucir les maux que j'avois
» voulu prévenir, pour me placer une seconde fois
» entre les armées Alliées et les Français, dans l'espoir
» que les égards dont je peux être l'objet tourneront à
» leur salut. C'est la seule manière dont j'ai voulu pren-
» dre part à la guerre. Je n'a pas permis qu'aucun
» prince de ma famille parût dans les rangs des étrangers,
» et j'ai enchaîné le courage de ceux de mes serviteurs
» qui avoient pu se ranger autour de moi.

» Revenu sur le sol de la Patrie, je me plais à parler
» de confiance à mes Peuples. Lorsque j'ai reparu au
» milieu d'eux, je trouvai les esprits agités et emportés
» par des passions contraires. Les regards ne rencon-
» troient de toute part que des difficultés et des obsta-
» cles. Mon gouvernement devoit faire des fautes ; peut-
» être en a-t-il fait. Il est des temps où les intentions
» les plus pures ne suffisent par pour diriger, où quel-
» quefois même elles égarent.

» L'expérience seule pouvoit avertir ; elle ne sera
» pas perdue. Je veux tout ce qui sauvera la France.

» Mes sujets ont appris, par de cruelles épreuves,
» que le principe de la légitimité des Souverains est

» l'une des bases fondamentales de l'ordre social, la seule
» sur laquelle puisse s'établir, au milieu d'un grand
» peuple, une liberté sage et bien ordonnée. Cette doc-
» trine vient d'être proclamée comme celle de l'Euro-
» pe entière. Je l'avois consacrée d'avance par ma
» charte, et je prétends ajouter à cette charte toutes
» les garanties qui peuvent en assurer le bienfait.

» L'unité du ministère est la plus forte que je puisse
» offrir. J'entends qu'elle existe et que la marche fran-
» che et assurée de mon conseil garantisse tous les
» intérêts et calme toutes les inquiétudes.

» On a parlé, dans les derniers temps, du rétablis-
» sement de la dîme et des droits féodaux. Cette fable
» inventée par l'ennemi commun n'a pas besoin d'être
» réfutée. On ne s'attendra pas que le Roi de France
» s'abaisse jusqu'à repousser des calomnies et des men-
» songes : le succès de la trahison en a trop indiqué la
» source. Si les acquéreurs de domaines nationaux ont
» conçu des inquiétudes, la charte auroit dû suffire pour
» les rassurer. N'ai-je pas moi-même proposé aux
» Chambres et fait exécuter des ventes de ces biens?
» Cette preuve de ma sincérité est sans réplique.

» Dans ces derniers temps, mes sujets de toutes les
» classes m'ont donné des preuves égales d'amour et de
» fidélité. Je veux qu'ils sachent combien j'y ai été sen-
» sible, et c'est parmi tous les Français que j'aimerai à
» choisir ceux qui doivent approcher de ma personne
» et de ma Famille.

» Je ne veux exclure de ma présence que ces hommes
» dont la renommée est un sujet de douleur pour la
» France et d'effroi pour l'Europe. Dans la trame qu'ils

» ont ourdie, j'apperçois beaucoup de mes sujets égarés
» et quelques coupables.

» Je promets, moi qui n'ai jamais promis en vain
» (l'Europe entière le sait), de pardonner aux Français
» égarés, tout ce qui s'est passé depuis le jour où j'ai
» quitté Lille, au milieu de tant de larmes, jusqu'au
» jour où je suis entré dans Cambrai au milieu de tant
» d'acclamations.

,, Mais le sang de mes enfans a coûlé par une trahi-
» son dont les annales du monde n'offrent pas d'exem-
» ple. Cette trahison a appellé l'étranger dans le cœur
» de la France. Chaque jour me révèle un désastre nou-
» veau. Je dois donc, pour la dignité de mon trône, pour
» l'intérêt de mes peuples, pour le repos de l'Europe,
» excepter du pardon les instigateurs et les auteurs de
» cette trame horrible. Ils seront désignés à la ven-
» geance des lois par les deux Chambres, que je me
» propose d'assembler incessamment.

,, Français, tels sont les sentimens que rapporte au
» milieu de vous celui que le temps n'a pu changer, que
» le malheur n'a pu fatiguer, que l'injustice n'a pu
» abattre. Le Roi, dont les pères règnent depuis huit
» siècles sur les vôtres, revient pour consacrer le
» reste de ses jours à vous défendre et à vous consoler.

» Donné à Cambrai, ce 28ᵉ jour du mois de Juin, de
» l'an de grâce 1815, et de notre règne le vingt-unième.,,

Signé LOUIS.

Et plus bas : par le Roi ;

Le Ministre Secrétaire-d'Etat des Affaires étrangères,
Signé LE PRINCE DE TALLEYRAND.

Cette proclamation ne pouvoit manquer de calmer toutes les inquiétudes, de dissiper les craintes qu'un gouvernement calomniateur avoit cherché à nous inspirer. Le Roi y repousse avec dignité les inculpations odieuses du rétablissement de la dîme, des droits féodaux, etc., on y reconnoît à chaque phrase les principes généreux qui ont présidé à la rédaction de la Charte constitutionnelle.

S. M. ne faisoit trêve à ses importantes occupations, que pour venir se montrer au peuple toujours amassé sous ses fenêtres. Ce bon Prince vouloit qu'on laissât approcher tout le monde. « *Laissez approchez*, disait-» il., *je ne puis être entouré de sujets plus fidèles.* » On le voyoit, on le revoyoit et l'on s'éloignoit tout *affamé* du désir de le revoir encore.

Le Roi, étant à la croisée du salon qui donne sur la cour, remarqua au milieu d'un grand nombre de Dames, une paysanne très-âgée, qui paroissoit hors d'elle-même, et cherchoit à démêler ses traits parmi ceux des Princes qui l'environnoient. Il la fit avancer, lui demanda avec bonté d'où elle venoit : *du village d'Haspres, à cinq lieues d'ici*, répondit la bonne femme, en sanglottant de joie. Le Roi la remercia avec émotion de l'empressement qu'elle avoit mis à venir de si loin pour le voir.

Tous les jours, pendant le dîner de S. M., un grand nombre d'habitans étoient admis à jouir de sa présence. On arrivoit en foule bien-long-temps avant le repas. On se désoloit d'être devancé; tous auroient voulu pouvoir faire connoître leur amour à ce Monarque si désiré. Mais les convenances et le respect enchaînant leurs langues, l'expression de leurs sentimens éclatoit dans tous leurs traits. Leurs yeux se mouilloient des plus douces larmes, et, ne pouvant les détacher de ce front auguste, siége de la bonté et de la clémence, ils devenoient, pour ainsi dire, immobiles et ne quittoient qu'avec peine une place que d'autres non moins empressés leur envioient et brûloient d'occuper à leur tour.

A toutes les heures du jour, les jeunes filles de la Maison de Vanderburch, placées dans leur jardin contigu à celui de M. Cotteau, faisoient retentir l'air de leurs chants; c'étoit des vœux pour les jours du Roi et pour le bonheur de la France; c'étoit des hymnes de reconnoissance et d'amour pour l'auguste Maison de Henri IV. Cette douce mélodie, ces concerts de jeunes Vierges rappeloient les chœurs d'Esther et d'Athalie, chantés à St-Cyr, devant Louis XIV.

Le 29, S. M., accompagnée de sa Maison, se rendit à l'Église paroissiale de St-Géry, où elle entendit la Messe. Plusieurs villages vinrent encore, le drapeau blanc à leur tête, voir et saluer le Père du Peuple. Quelques-uns prétendirent haranguer le Prince. Un orateur, entr'autres, ne put prononcer que ces mots : *SIRE, votre retour guérit tous nos maux.* Le Roi daigna le tirer aussitôt d'embarras, en lui disant avec bonté : *Mon ami, j'espère les guérir mieux encore.*

C'étoit toujours la même foule, les mêmes transports, la même ivresse.

Tous les jours, LL. AA. RR. Monsieur et Mgr. le Duc de Berry, se promenoient à pied et sans suite dans la Ville. Leur noble affabilité enchantoit tous les cœurs. En contemplant ces Princes, si augustes et si aimables, on ne pouvoit s'empêcher d'éprouver un regret, c'étoit de ne point voir auprès d'eux, la Fille des Rois et le Héros du midi.

Le 3o Juin, on apprit, vers neuf heures du matin, que le Roi alloit quitter Cambrai et s'avancer sur Paris. Malgré l'assurance qu'on avoit que ce départ annonçoit la sommation prochaine de la Capitale, on ne put se défendre d'être vraiment affligé de voir nos bons princes s'éloigner de nous. Mais ce fut quand le Roi se prépara à monter en voiture, que rien ne sut arrêter l'effusion du sentiment. Chacun vouloit approcher la personne de S. M., plusieurs portèrent leurs lèvres sur sa main sacrée; tous, d'une voix altérée par les plus vives émotions, le saluèrent des plus doux noms, des vœux les plus ardens, et des assurances les plus expressives d'une fidélité à jamais inébranlable: S. M. étoit déjà loin, et toutes les bouches ne cessoient de répéter leurs bénédictions.

M. Cotteau, qui avoit reçu, de la part du Roi, une montre ornée de son chiffre, et l'autorisation de porter la décoration de la Légion d'Honneur, adressa ses remercîmens à S. M., et lui demanda pour dernier bienfait, la faveur de baiser son auguste main; elle le lui permit, et daigna embrasser Mme Cotteau. Il étoit midi quand le Roi quitta la Ville; une grande partie des habitans, les Autorités civiles, la Garde Nationale, conduisirent le Roi jusqu'à une distance assez considérable. A la banlieue, M. le Maire adressa ces paroles à S. M. :

SIRE,

« Vos fidèles sujets de Cambrai accompagnent V. M.

» de leurs vœux et de leur amour ; ils recommandent
» leur Ville à sa royale bienveillance.

Le R o i répondit ;

» Monsieur le Maire, dites aux Habitans de Cambrai
» que je suis satisfait des sentimens qu'ils m'ont expri-
» més ; dites leur que je donnerai à la ville de Cambrai
» des preuves de ma bienveillance. »

M. le Sous-Préfet et la Garde Nationale allèrent jusqu'à la limite de l'arrondissement, où M. le Sous-Préfet, interprète des sentimens de ses administrés, pria de nouveau le Roi d'agréer leurs hommages de respect, d'amour et de fidélité. S. M. fit à ce Magistrat une réponse très-gracieuse.

La Garde d'Honneur, qui avoit témoigné le désir de ne se séparer du Monarque qu'à Paris, se vit forcée de s'arrêter à Péronne, où l'on prit la poste.

Au moment de la séparation, MM. les Gardes du Corps, voulant exprimer à cette élite de la jeunesse cambré-sienne combien ils étoient touchés de l'accueil qu'ils avoient reçu parmi nous, se rangèrent en deux haies, pour la laisser défiler, et la saluèrent par les cris mul-tipliés de *Vivent les Habitans de Cambrai, Vive la Garde d'Honneur !*

Néanmoins plusieurs de ces jeunes gens, emportés par l'enthousiasme, suivirent le Roi à Paris et obtin-rent du service dans sa Maison militaire. De ce nombre furent MM. *Aimé Béthune*, *Leleu-Magniez*, etc.

Ainsi s'éloigna de nous ce Prince sur lequel reposent les destinées de la France. Mais ce n'étoit plus le fu-neste départ de Lille ; ce n'étoit plus un père qu'on arra-choit à sa familles éplorée, c'étoit un Monarque bon et généreux qui revenu parmi ses sujets, alloit porter de ville en ville des paroles de clémence et de pardon.

Quant à nous, Habitans de Cambrai, nous nous glorifierons long-temps d'avoir accueilli les premiers ces illustres Voyageurs. Dans nos vieux jours, nous nous plairons à en parler à nos enfans; nous leur dirons comment, tandis que toutes les cités voisines gémissoient encore sous la main de fer de Napoléon, Cambrai délivré possédoit les Fils de St Louis. Nous leur raconterons les infortunes et les vertus de ces Princes magnanimes. Ces récits enflammeront leurs cœurs d'amour et de dévouement pour nos augustes Bourbons, et, instruits par les malheurs de leurs pères, ils nous jureront d'être à jamais fidèles à D I E U et au R o i.

PROJET

D'IMPOT UNIQUE, UNIVERSEL

SUR LA CIRCULATION

DE LA FORTUNE PUBLIQUE

Par Alexis WILHEM.

N'imaginez pas pouvoir faire contribuer
es marchands à l'impôt. Ils mettent
l'impôt dans leurs factures.

FRANKLIN.

PARIS,

CHEZ GARNIER FRÈRES,

RUE RICHELIEU, N° 10.

1850